AF229929

DE L'ÉTAT ACTUEL DE LA LÉGISLATION SOCIALE

EN FRANCE

La législation doit jouer, semble-t-il, un rôle important dans la réorganisation sociale du pays. C'est une opinion assez généralement admise, — cependant à ne considérer que les résultats des dix dernières années parlementaires, on serait tenté de n'en rien croire. — sauf la loi de 1884 sur les syndicats professionnels, pour incomplète qu'elle soit, et quelques dispositions heureuses en faveur de la protection des femmes et des enfants dans les établissements industriels, pas une réforme digne de ce nom n'est sortie de la fécondité stérile de nos législateurs. Ce n'est point qu'il y ait disette de projets et de propositions, — ils sont presqu'aussi nombreux que les sables de la mer — mais les uns sont enfouis à jamais dans les cartons de commissions spécialement établies pour cet usage, les autres ballottés de la Chambre au Sénat et du Sénat à la Chambre, altérés dans leurs dispositions, défigurés par les amendements, laissant à chaque voyage quelques lambeaux d'eux-mêmes aux ronces du chemin, restent à l'état débauche, et deviendraient d'ailleurs dans la pratique des instruments inutiles ou dangereux. La Chambre actuelle, plus divisée que jamais, affolée par les déclamations révolutionnaires, termine sa première année d'existence dans l'incohérence et l'agitation et l'on a quelque raison de craindre qu'au milieu des embarras d'argent et des soucis de la politique coloniale, elle n'ait peine à tirer le char parlementaire de l'ornière, où il demeure embourbé depuis si longtemps. Ne nous faisons pas illusion : l'heure des réformes utiles, nécessaires, réclamées par le peuple, n'a point encore sonné, et si cette Chambre cessait de piétiner sur place, ce serait pour produire quelque œuvre haineuse, oppressive, marquée au coin de l'esprit sectaire dont elle est dominée. Et cependant nous devons poursuivre la nôtre, étendre, perfectionner notre législation sociale, parce qu'elle peut devenir une précieuse ressource au lendemain des catastrophes prochaines; nous devons saisir toutes les occasions de soutenir devant le Parlement, par la voix de nos orateurs, nos principes d'organisation, parce qu'une parole tombée du haut de la tribune française a un retentissement dans le pays tout entier.

L'organisation professionnelle, voilà l'objectif, l'idée maîtresse de toutes les propositions de loi qui ont été successivement déposées sur le bureau des Chambres par notre secrétaire général, le comte Albert de Mun, ou quelques-uns de nos confrères et lui. Nous mentionnerons en première ligne celle qui est relative à la réglementation du travail industriel. Les principales dispositions traitent des conditions du travail : les enfants des deux sexes peuvent être admis au travail industriel avant l'âge de treize ans, et encore doivent-ils être munis, jusqu'à l'âge de seize ans, d'un certificat d'aptitude physique délivré à titre gratuit par l'un des médecins chargés de la surveillance du premier âge ou de l'inspection des écoles. Le travail dans les mines, ateliers ou établissements insalubres, est interdit aux femmes. Elles ne peuvent, comme les enfants âgés de moins de 18 ans, être employées au travail de nuit, sauf exceptions prévues par le projet de loi. Les femmes en couches ne sont pas admises au travail pendant les quatre semaines qui suivent l'accouchement.

Pour tous les ouvriers, la durée du travail effectif ne peut excéder cinquante-huit heures par semaine. La proposition prévoit cependant le cas où la durée du travail hebdomadaire pourrait être prolongée par des heures supplémentaires. Elle dispose aussi que les samedis et veilles de fêtes légales la durée du travail ne pourra excéder huit heures, y compris les travaux de nettoyage, de réparation et de rangement. Elle assure aux ouvriers le repos du dimanche et des jours fériés. Les quatre derniers chapitres sont consacrés à l'établissement de la statistique des salaires, au contrôle, à l'inspection, à la commission supérieure et aux pénalités. Telle était l'économie de cette proposition de loi. A l'exception des dispositions relatives aux ouvriers adultes, les autres pour la plupart ont été reproduites dans la loi sur le travail des enfants, des filles mineures, des femmes, dans les établissements industriels. (*Officiel* du 3 novembre 1892.

La question des accidents a été étudiée, remaniée, reprise en diverses circonstances dans les Conseils de l'Œuvre et a fini par trouver sa dernière expression dans une proposition de loi déposée en 1891 sur le bureau des Chambres par M. Le Cour-Grandmaison et le comte Albert de Mun.

Elle poursuit un triple objet: Procurer à l'ouvrier une protection complète contre les conséquences de l'accident survenu par le fait du travail ou à l'occasion du travail; supprimer pour lui, comme pour les chefs d'entreprise, les lenteurs de la procédure et les aléas des condamnations judiciaires ; entourer des plus sérieuses garanties le payement des indemnités ou pensions dues aux victimes, sans recours obligatoire à la caisse de l'Etat.

Pour obtenir le premier résultat, la proposition de loi décide qu'une indemnité est allouée de plein droit à l'ouvrier, dans tous les cas, sans distinguer les causes de l'accident, et elle la met à la charge du chef d'entreprise. La responsabilité spéciale, ainsi créée, supprime celle du droit commun, et les articles 1382 et suivants du Code civil cessent d'être applicables. Cette procédure rapide, sans procès et sans condamnations aléatoires, que patrons et ouvriers appellent de leur vœu, le projet de loi croit l'avoir rencontrée dans l'établissement d'une tarification qui fixe les indemnités ou les rentes à servir suivant les catégories d'accidents. Puis il substitue la juridiction d'une commission arbitrale permanente par arrondissement à celle des tribunaux ordinaires. Elle se compose d'un nombre égal de patrons et d'ouvriers appartenant à la même industrie que la victime et elle est présidée par un ingénieur désigné par le ministre.

Enfin pour assurer le service des indemnités ou des pensions, les auteurs du projet n'ont pas voulu du système de l'assurance à primes fixes. Ils ont imaginé un moyen ingénieux, un système de mutualité, par lequel on répartit chaque année entre les chefs d'entreprise, par circonscriptions régionales et groupes d'industrie dangereuse, le capital nécessaire pour la constitution des rentes et indemnités allouées l'année précédente. Et ce capital est versé dans des caisses corporatives régionales.

La création de ces caisses, voilà l'objet principal du projet de loi, et si le principe de l'assurance obligatoire se trouve très nettement posé, nos confrères refusent d'en confier l'application à l'Etat. Ils vont même plus loin: « Pour ménager la liberté des industriels, disent-ils dans leur exposé des mc fs, nous nous sommes ralliés à une combinaison qui leur donne la faculté de former des syndicats d'assurance mutuelle, de s'assurer à des sociétés privées ou de rester leurs propres assureurs en fournissant une caution valable; et alors même qu'à défaut d'une déclaration, la loi intervient pour les assurer d'office aux caisses régionales, nous faisons disparaître le danger de la Caisse d'Etat en exigeant la représentation directe des intérêts dans les conseils d'administration et de surveillance de ces institutions et en sauvegardant les droits de l'initiative privée, par la gestion laissée aux participants. »

Si une pareille loi était votée, elle aurait une portée sociale considérable. Par les caisses régionales, elle offre aux patrons et aux ouvriers si profondément divisés ce premier terrain de conciliation et de rapprochement où des adversaires peuvent se rencontrer dans la gestion de leurs intérêts communs. En les réunissant par industries ou groupes d'industries similaires, elle pose réellement la première base de l'organisation professionnelle. Quoi qu'il en soit, la question des accidents reste toujours en suspens, et le projet de loi élaboré par la commission du travail, où se retrouvent d'ailleurs certaines parties du nôtre, n'a pas encore été adopté par le Parlement.

Nous mentionnerons pour mémoire une proposition sur les caisses de retraite et de secours pour protéger les ouvriers contre les conséquences de la maladie et de la vieillesse. Elle est conçue, d'après les mêmes principes que le projet sur les accidents, et comme lui n'a pas reçu de solution. Une autre proposition concerne les conseils de conciliation et d'arbitrage. Elle a été présentée jadis par M. Lecour-Grandmaison, le comte Albert de Mun et quelques-uns de ses collègues. C'est une importation en France d'usages anglais. Depuis de longues années déjà, nos voisins se sont préoccupés de régler amiablemement les contestations survenues entre patrons et ouvriers et de prévenir les brusques cessations de travail et les grèves qui sont le fléau de l'industrie. En bien des cas ils ont trouvé la solution de ces graves problèmes dans les conseils de conciliation et d'arbitrage. Patrons et ouvriers des métiers ou des industries qui composent l'association dans le contrat de travail intervenu entre eux prennent l'engagement d'honneur de porter toutes les contestations qui peuvent les diviser d'abord devant un comité spécial de conciliation: puis, si cette tentative d'arrangement amiable échoue, l'affaire est déférée à un conseil d'arbitrage généralement composé de six patrons et de six ouvriers et présidé par un tiers arbitre étranger à la profession.

Pour introduire chez nous ces utiles institutions, il faut se départir des règles du code de procédure civile sur l'arbitrage, aux termes desquelles il n'est possible que sur une contestation déjà née et dans des conditions rigoureusement déterminées par la loi. Dans le titre 1 de sa proposition. M. Lecour-Grandmaison fait une concession dernière aux principes étroits et surannés du code de procédure civile. Il décide que patrons et ouvriers pourront, soit d'accord, soit séparément, provoquer un arbitrage sur tout litige relatif au taux des salaires. aux modes et époques des paiements, etc... C'est la reproduction d'un projet de loi que M. Lockroy avait déposé jadis comme ministre du commerce. Ici nous sommes toujours sous l'empire des vieilles prescriptions légales. — L'arbitrage est essentiellement accidentel et le rôle des arbitres se termine avec le règlement de l'affaire spéciale qui leur a été déférée.

Le titre II contient une innovation capitale qui est la véritable raison d'être de la proposition de loi. Les patrons

et les ouvriers peuvent d'accord, et sans autorisation, constituer un conseil *permanent* de conciliation et d'arbitrage
pour prévenir et régler tous les différends qui pourraient
survenir entre eux, relativement aux règlements d'atelier,
aux salaires, aux conditions du travail, et en un mot à
toutes questions professionnelles. Nous voyons reparaître
ici la permanence des conseils de conciliation et d'arbitrage
anglais avec le rôle particulier que doit jouer cette double
institution : *prévenir et régler.*

Cette proposition de loi, dont la plupart des dispositions
sont passées dans un projet préparé par la commission supérieure du travail pour le gouvernement, n'a pas plus
abouti que les précédentes. Et cependant elle rendrait à
l'industrie nationale d'incalculables services. Elle fournirait
à ces syndicats de patrons et à ces syndicats ouvriers, iso-
lés, séparés les uns des autres, toujours en lutte, toujours
en guerre, le terrain commun, le point de contact qui leur
manquent. Elle deviendrait le couronnement de l'organisation corporative que nous voudrions promouvoir. Cette institution n'apporterait point sans doute la solution de la
question sociale, mais que de ruines et de désastres ne
pourraient-elles pas épargner !

Nous devons citer encore une proposition de loi relative
à la protection des salaires contre les saisies et à la réduc-
tion des frais, présentée par M. Thellier de Poncheville, le
comte de Mun et d'autres collègues. Il faut remarquer que
nos lois déclarent insaisissables en *totalité* les provisions
alimentaires accordées par jugement, les sommes données
ou léguées à titre d'aliment, et *pour partie* les traitements
et les pensions de fonctionnaires de tout ordre. Aucune
disposition analogue ne protège le salaire de l'ouvrier. Sans
doute les tribunaux s'autorisent en général du caractère
alimentaire que présente le salaire pour limiter l'effet de la
saisie à une quotité, le plus souvent au cinquième des
sommes dues à l'ouvrier. Mais cela n'est pas légal et la
cour de cassation n'a pas hésité à condamner cette doctrine. Aussi la proposition de loi vient-elle heureusement
combler cette lacune, tant en protégeant le salaire de l'ou-

vrier qu'en simplifiant la procédure de la saisie-arrêt, et en la rendant moins coûteuse par rapport à cet objet spécial (1).

D'autres sujets encore s'imposent à notre sollicitude et pourraient faire l'objet de dispositions législatives ; les réformes à introduire dans notre système successoral et dans le régime de la société anonyme, la reconstitution des biens corporatifs et communaux, les nouvelles formes que peut affecter l'organisation professionnelle, les libertés plus étendues que réclament les syndicats et les unions syndicales, et en général les questions de caisses de secours, de salubrité du travail et de sécurité des travailleurs.

Les réformes fiscales sont aussi à l'ordre du jour : au cours de la session parlementaire de 1894, M. Burdeau, alors ministre des finances, a présenté un projet de loi portant modification du régime fiscal en matière : 1° De transmissions à titre onéreux d'immeubles ruraux ; 2° de successions et de mutations de nue-propriété et d'usufruit. Ce projet a pour but, dans la première partie, de réduire dans des proportions notables les droits qui frappent les mutations immobilières à titre onéreux, et dont le tarif excessif a depuis longtemps soulevé de vives critiques. — La seconde partie prétend donner satisfaction à deux désirs formulés depuis longtemps par l'opinion publique : La déduction du passif pour la liquidation du droit de succession et un mode de calcul nouveau pour le droit proportionnel d'enregistrement qui frappe les mutations de nue-propriété et d'usufruit. Mais par contre, le projet, pour compenser les pertes que feraient encourir au Trésor les dispositions nouvelles, imagine : 1° De substituer la valeur vénale au revenu comme base de la perception du droit de mutation par décès ; 2° de relever les tarifs en matière de successions et de donations entre vifs ; 3° de remanier le droit du timbre, etc. — Ce sont là en réalité des artifices financiers à l'aide desquels on espère combler le déficit du budget. Une fois la voie ouverte, on

______

(1) Depuis la publication de cet article, est survenue la promulgation d'une loi, qui rend insaisissable jusqu'au neuf dixième le salaire de l'ouvrier.

s'y est jeté de toutes parts : l'impôt sur le revenu et l'impôt progressif ont trouvé des défenseurs et des adversaires également acharnés, et au milieu de ce conflit d'opinions diverses, l'Œuvre sera nécessairement amenée à formuler sa doctrine, et peut-être même à l'exprimer dans un texte législatif.

La question du régime représentatif nous préoccupe depuis des années déjà, et bien que la représentation des droits et des intérêts, pour être sincère et véritable, nous paraisse devoir sortir librement et spontanément des associations professionnelles, il faut tenir compte des efforts qui sont tentés dans le même sens, mais sous des formes différentes.

C'est ainsi que le Parlement se trouve saisi d'un certain nombre de propositions de lois qui tendent à accroître l'importance de la représentation industrielle et commerciale.

La première a été déposée, dans la séance du 19 novembre 1890, par M. Félix Faure ; la seconde émane de M. Edouard Lockroy ; viennent ensuite, par ordre de date, celles de MM. Léon Renard, Le Gavrian, Thellier de Poncheville, et, une dernière, de MM. Méline et Siegfried.

Les différents projets ont pour but d'augmenter le nombre et les attributions des chambres de commerce auxquelles serait notamment confié le droit de fonder, d'administrer, de gérer, de subventionner, des établissements ou services à l'usage du commerce ou utiles à l'industrie. L'administration serait même obligée, dans certains cas déterminés, de prendre l'avis des chambres de commerce. Les auteurs de ces propositions, à l'exception de M. Faure toutefois, se préoccupent aussi de créer un conseil supérieur de l'industrie.

M. Méline, estimant que l'agriculture possède, comme le commerce et l'industrie, le droit de s'organiser pour la défense de ses intérêts, et faire parvenir aux pouvoirs publics ses vœux et ses revendications, a également présenté une proposition de loi sur l'institution de chambres consultatives d'agriculture (1).

---

(1) La véritable représentation professionnelle agricole est exercée par les bureaux des Unions régionales. Ce sont les vraies chambres consultatives.

M. de Pontbriand, **M.** Bouthier de Rochefort, et enfin M. le baron de Ladoucette, ont suivi cet exemple. Ces quatre propositions veulent étendre les chambres d'agriculture à toutes les parties de la France, mais elles leur attribuent des circonscriptions diverses. Tandis que M. Bouthier de Rochefort organise les chambres par canton. MM. Méline et de Pontbriand les établissent à l'arrondissement et M. de Ladoucette au chef-lieu du département. Ce n'est pas le lieu de discuter ici la valeur relative de chacun de ces systèmes : qu'il me suffise de rappeler que MM. Méline et Pontbriand autorisent, dans certains cas, la réunion par département. M. de Maroucette, de son côté. crée des chambres d'arrondissement en assemblée générale des chambres d'arrondissement purement consultatives qui se relient à la chambre départementale proprement dite.

Le point capital, c'est le corps électoral chargé de la nomination des chambres. M. Méline adopte comme base le suffrage universel et il ne se contente pas de faire entrer dans son collège des propriétaires. des fermiers. des ouvriers agricoles des colons partiaires résidant depuis un an au moins dans la commune. Il y introduit encore des personnages qu'on s'étonne un peu d'y rencontrer, des vétérinaires et des instituteurs.

M. Bouthier de Rochefort compose ses chambres cantonales de membres de droit et de membres élus — conseiller général et d'arrondissement, député et sénateur. quand ils sont domiciliés dans le canton forment le premier groupe — le second est nommé par les conseillers municipaux.

MM. de Pontbriand et de Ladoucette commencent par éliminer l'élément politique dans la personne des professeurs d'agriculture et des instituteurs. Puis, tout en recourant à l'élection directe par les cultivateurs. ils écartent les simples ouvriers agricoles. Pour figurer sur la liste électorale. dans le système des deux honorables députés, il faut être âgé de

---

de la profession. Leur organisation repose sur deux principes essentiels : le mandat défini, ou cahier, et la représentation des groupes sociaux.

vingt-cinq ans, et chef de famille, à titre de propriétaire ou d'exploitant.

Je ne saurais entrer dans le détail des attributions accordées par chacun de ces projets de loi aux chambres d'agriculture sans sortir des bases de ce rapport. Ils ont des points communs et s'accordent pour donner aux chambres la personnalité civile et leur permettre d'acquérir et d'administrer des biens propres comme établissements d'utilité publique. Ils diffèrent sur les cas où elles doivent être obligatoirement consultées par les pouvoirs publics.

Les quatre propositions instituent un conseil supérieur pour représenter l'agriculture près du ministre compétent, mais elles ne le composent pas des mêmes éléments. M. Bouthier de Rochefort remet le soin de choisir les membres du conseil au gouvernement, au Sénat et à la Chambre des députés. MM. Méline, de Pontbriand et de Ladoucette, ont adopté un système mixte : ils conservent le principe électif et accordent aux chambres d'agriculture la nomination de la pluralité des membres du conseil supérieur, mais ils introduisent quelques membres de droit et autorisent les pouvoirs publics à y envoyer vingt représentants.

Nous croyons savoir que les propositions Méline et de Pontbriand viennent d'être prises récemment en considération par la Chambre des députés.

En matière agricole, l'Œuvre a encore préparé deux projets de loi. Le premier est dû à l'initiative particulière de notre confrère Milcent.

C'est une mesure humanitaire, si je puis parler ainsi, une extension des articles 592 et suivants du code de procédure civile, aux termes desquels sont exemptés de la saisie les outils de travail, la vache du débiteur, ou trois brebis, ou deux chèvres, avec les pailles et les fourrages nécessaires à leur nourriture pendant un mois. On propose d'étendre ce privilège au toit et au champ de l'ouvrier agricole pour qu'il ne soit pas jeté sur la voie publique sans asile et sans pain.

La seconde proposition a une portée sociale beaucoup plus considérable. Elle donne au père de famille la facilité de constituer un domaine inaliénable et insaisissable et nous entendons par là une quantité de terres suffisante pour permettre au propriétaire d'y vivre et d'y élever ses enfants. Il est tenu d'exploiter personnellement. Pour conserver au projet de loi son caractère populaire, nous avons dû fixer le chiffre de 20,000 francs comme valeur maxima que pourrait atteindre ce domaine familial. Ce projet n'a rien du caractère obligatoire du premier. La constitution du bien de famille est. nous le répétons, facultative, et le but qu'il poursuit, c'est d'arrêter la dépopulation des campagnes et de fixer au sol ces familles rurales. cette race de propriétaires cultivateurs qui fait la force et l'avenir du pays. Pour faciliter la création du bien de famille et sa transmission intégrale à l'un des héritiers. les rédacteurs de la proposition ont décidé que sa valeur (20,000 au maximum) ne devra jamais dépasser la moitié de la fortune totale du constituant. Puis. ils ont établi une caisse, dite caisse agricole, qui, par le moyen d'une assurance sur la vie. ou par la capitalisation de versements annuels opérés par le père de famille, préparera les soultes que le légataire du bien pourrait devoir à ses cohéritiers à l'ouverture de la succession. De cette façon, sans modifier les règles du Code civil sur la quotité disponible et le partage égal. le sort du bien de famille se trouve pleinement assuré dans la plupart des cas.

M. l'abbé Lemire et M. Leveillé, professeur de droit et député. viennent de déposer un projet de loi sur la même matière. Ces différents projets. sur la constitution du bien de famille. rendent plus nécessaire que jamais la solution de la question du crédit agricole. La Chambre croit y avoir réussi dans une loi récente. mais pour nous. elle ne saurait rendre les services qu'on se plaît à en attendre. C'est ailleurs qu'il faut aller chercher les véritables éléments du succès. La création du bien de famille portera un coup terrible au régime hypothécaire. mais. comme le cultivateur ne saurait cependant se passer de crédit. il faut aviser au moyen de fonder chez nous, comme cela existe déjà en Italie et en Allemagne, des caisses agricoles reposant sur la solidarité et le crédit personnel. Le mouvement est déjà commencé, et grâce à l'énergie et au zèle d'un homme de cœur, M. Durand. qui s'est dévoué à cette noble tâche, des caisses, du modèle Raiffesen, se créent chaque jour sur tous les points du pays. Je ne saurais terminer cette rapide revue des travaux législatifs. sans mentionner la proposition de loi tendant à la modification des articles 826, 832 et 1079 du Code civil, et à la substitution du partage en valeur au partage en nature. On cherche à entraver par cette mesure le morcellement des terres et l'émiettement indéfini des héritages. Les raisons d'ordre supérieures qui militent en faveur de cette proposition ont été trop souvent données pour qu'il soit besoin d'y revenir encore. La prospérité de l'agriculture en dépend. et elle marque la première étape dans la voie de la conservation de la famille rurale.

Louis DRIALANDE.

Paris. — Imp. Jean Gainche, 15, rue de Verneuil.